Dhammaloka (Rüdiger Jansen) meditiert seit 1979 regelmäßig und wurde 1981 in den Westlichen Buddhistischen Orden aufgenommen. Seit 1983 ist er als einer der Gründer und Lehrer am Aufbau der Freunde des Westlichen Buddhistischen Ordens in Deutschland und des Buddhistischen Zentrums in Essen beteiligt. Er übersetzte Bücher und Vorträge über Buddhismus und Meditation aus dem Englischen. Dhammaloka arbeitet hauptberuflich als selbständiger Unternehmensberater und Trainer für Führungskräfte.

Die Deutsche Bibliothek – CIP-Einheitsaufnahme

Die *Befreiung des Herzens*:
Metta-bhavana – die buddhistische Meditation über
Freundlichkeit und Liebe. – Essen: Do Evolution
ISBN 3-929447-05-3
CD. 1997
Beih. 1997

Umschlaggestaltung: Lydia Jethon
Umschlagfotos: Gunavati, Dhammarati
Fotos im Innenteil: Dhammarati
Druck: Gilbert & Gilbert
Printed in Germany

ISBN 3-929447-05-3

Mehr zum Thema Meditation

Die ergänzende Meditationsübung zur *mettā-bhāvanā* ist die Vergegenwärtigung des Atems. Eine CD mit der Einführung dieser Methode ist im gleichen Verlag erschienen. Sie trägt den Titel *Wach, entspannt und geistesklar*.

Es gibt eine Fülle weiterer Meditationspraktiken, die Sie vielleicht interessieren werden, und durch eine gewisse Beschäftigung mit theoretischen Fragen wird Ihre Übung auch an Tiefe gewinnen. Das grundlegende Handbuch hierzu ist *Meditation* von Anthony Matthews. Auszüge daraus haben wir in veränderter Form auch für dieses Heft verwendet.

Wenn Sie persönliche Anleitung suchen, empfehlen wir Ihnen besonders den Besuch buddhistischer Zentren. Beim Buddhistischen Zentrum Essen können Sie weitere Anschriften und Veranstaltungshinweise erfragen: Herkulesstraße 13a
D-45127 Essen
Tel. 0201 - 230 155

die befreiung des herzens

METTA-BHAVANA – die buddhistische Meditation über Freundlichkeit und Liebe

Das Karanīya-Mettā-Sutta

Dies soll ein Mensch tun, der erkannt hat, was zum Guten führt
Und der begriffen hat, was ‚Ort des Friedens' heißt:
Kraftvoll und aufrecht sei er, wahrhaft ehrlich,
Sein Ton sei sanft, im Umgang sei er rücksichtsvoll und mild
Und frei von jedem hohlen Dünkel eines Selbst.
Zufrieden sei er, unschwer zu erhalten,
Nicht viel geschäftig und bedürfnislos,
Mit stillen Sinnen, wach und klug,
Auf allen Wegen anspruchslos, ganz ohne Dreistigkeit,
Und frei von weltlichem Begehren. So soll er alles unterlassen –
Selbst das geringste –, wofür ihn andere dann,
Die weiser sind als er, zu tadeln hätten.
(Er wünsche:) „Mögen alle Lebewesen, ausnahmslos –
Die starken, schwachen, großen, mittleren und kleinen,
Von feiner oder grober Form, dem Auge sichtbar oder unsichtbar,
Die Wesen nahebei und weit entfernte,
Geborene und nicht geborne – die Wesen alle:
Sie alle mögen glücklich sein.
Und keiner soll den andern hintergehen,
In irgendeinem Sinn verächtlich von ihm denken.
(Noch möge jemand einem andern
Aus Ärger oder Feindschaft Böses wünschen.)"
Wie eine Mutter bis zum letzten Atemzug
Ihr Kind, ihr einzig' Kind, mit ihrem Leben schützt,
So möge solch ein Mensch nun Geist und Herz
Für alle Wesen ausnahmslos entfalten.
Ja, Liebe soll er üben, Güte für die ganze Welt,
Nach oben, unten, vorne, hinten, jede Richtung,
Von Haß und Feindschaft frei, ein Herz der grenzenlosen Liebe.
Ob stehend, gehend, sitzend oder liegend,
Ist er nur wach, dann soll er diese Achtsamkeit
Der unbegrenzten Liebe fest begründen.
Sie ist es, was die Menschen ‚Göttliches Verweilen' nennen.
So wird ein Mensch, der falsche Ansicht weit zurückläßt,
Indem er ethisch lebt, direkte Wahrheitsschau erlangen
Und alle Gier nach Sinnestaumel überwinden.
Fürwahr – er wird nie mehr aus einem Schoß geboren werden.

(Englisch von Sangharakshita, deutsch von Dhammāloka)

INHALT

Einführende Bemerkungen

Die Meditation

Die Meditationshaltung

Einführende Bemerkungen

Zum Inhalt von CD und Beiheft

Mit Hilfe dieser CD können Sie eine Meditation über Freundlichkeit und Liebe – die sogenannte *mettā-bhāvanā* – erlernen und üben. Einleitend wird die Methode erklärt und erläutert, dann folgt eine geführte Meditation von ungefähr 25 Minuten. Den Abschluß bildet das Karanīya-Mettā-Sutta, ein alter buddhistischer Text, der das Ziel dieser Meditationsmethode auf poetische Weise ausdrückt.

Das Beiheft gibt Ihnen einige Hintergrundinformationen zu Meditation ganz allgemein und einen Überblick über die Methode der *mettā-bhāvanā*. Außerdem enthält es umfassende Erläuterungen zur Meditationshaltung mit zahlreichen Fotos.

Wie fangen Sie am besten an?

- Wenn Meditation ganz neu für Sie ist, lesen Sie am besten zuerst das Beiheft, betrachten die Fotos zur Sitzhaltung und hören sich die Meditationseinführung – vielleicht sogar mehrmals – an, um sich geistig darauf vorzubereiten.
- Sorgen Sie für gute innere Voraussetzungen und für eine angenehme Umgebung: Die Ratschläge im Abschnitt „Die Meditationsübung positiv unterstützen“ helfen Ihnen dabei.
- Probieren Sie verschiedene Sitzhaltungen aus, bis Sie die Haltung gefunden haben, die für Sie am bequemsten ist. Ziehen Sie dabei

die ausführlichen Erläuterungen im Abschnitt über die Meditationshaltung zu Rate.

- Meditieren Sie möglichst täglich mit der CD.
- Lassen Sie sich beim Hören der CD von den Anleitungen führen.
- Wir empfehlen Ihnen, auch die zweite grundlegende Meditation – über den Atem – zu erlernen und sie im Wechsel mit der *mettā-bhāvanā* zu üben. Beachten Sie dazu die Hinweise am Ende dieses Hefts.
- Dehnen Sie die Dauer Ihrer Meditation ganz allmählich aus, und meditieren Sie dann auch ohne CD.

Muß man immer mit Anleitung meditieren?

Zu Beginn erleichtert das Meditieren mit der CD den Einstieg und hilft Ihnen, Meditation zu einer ‚guten' Gewohnheit zu machen. In gewisser Weise ersetzt diese Aufnahme einen Meditationslehrer oder einen Kurs.

Auf lange Sicht ist es sinnvoll, von der Anleitung durch die CD unabhängig zu werden. Sie legen dann selbst fest, wie lange Sie meditieren möchten, und benutzen eine Uhr, um die Dauer der einzelnen Abschnitte abzulesen.

Diese Aufnahme kann auch dann nützlich sein, wenn Sie bereits eine Zeitlang ohne Anleitung meditiert haben, sich aber gerade in einem ‚Tief' befinden. Wenn der innere Antrieb einmal fehlt, gibt die Unterstützung und Anregung von außen wieder neuen Schwung.

Die Meditation

Wozu meditiert man überhaupt?

Meditation wird oft zum Streßabbau und zur Entspannung empfohlen. Die positive Wirkung von Meditation in diesem Sinn ist inzwischen allgemein anerkannt: Sie beruhigt, klärt die Gedanken und erleichtert das Herz.

Warum ist das so? Mit Meditation wirken Sie ganz direkt auf Ihren Geist ein. Sie entwickeln das spezifisch Menschliche in sich und kultivieren es. Meditation befreit den Geist von überflüssigem Ballast; sie schafft inneren Raum, Offenheit und Weite. Negative Geistesverfassungen verwandelt sie allmählich in positive. Dieser Prozeß wird durch Meditation in Gang gesetzt und ist auch ihr vorläufiges, mittelfristiges Ziel. Langfristig gesehen zielt Meditation allerdings auf jene völlige Befreiung von Geist und Herz, die man auch Erleuchtung oder Buddhaschaft nennt. Merkmale dieser Erfahrung oder dieses Ideals sind eine zur Vollkommenheit entfaltete Geistesklarheit und Weisheit, grenzenloses Mitgefühl mit allen Wesen und unermeßliche Energie. So abstrakt und ‚abgehoben' eine solche Erfahrung auch klingen mag: Die Geschichte des Buddhismus zeigt, daß jeder Mensch, der beständig und ehrlich Meditation übt und mit dieser oder anderen buddhistischen Methoden an sich arbeitet, dieses Ziel erreichen kann. Der Buddhismus kennt viele Meditationsformen. Die auf dieser CD vorgestellte Meditation ist eine grundlegende und sehr weit verbreitete Methode, die auf den historischen Buddha selbst zurückgeht.

Den Geist verwandeln

Wenn man meditiert, entdeckt man Neues und Unerwartetes über sich selbst und darüber, wie der eigene Geist beschaffen ist und funktioniert. Solche Entdeckungen sind nichts Abstraktes oder Philosophisches, sondern ganz direkte Erfahrungen. Es müssen nicht immer große Dinge sein, denen Sie dabei begegnen: Sie lernen sich selbst einfach umfassender und tiefer kennen. Durch das Üben von Meditation lernen Sie, ganz bei Ihrer tatsächlichen, augenblicklichen Erfahrung zu bleiben, sich als Teil dieser Erfahrung und nicht getrennt davon zu erleben. Das führt allmählich zu einer tiefen inneren Verwandlung.

Diese Verwandlung hat zwei Aspekte. Zum einen bezieht sie sich auf das Gefühlsleben und die Emotionen: Sie erfahren, was Sie tatsächlich fühlen – und nicht, was Sie bloß zu fühlen glauben oder gar fühlen ‚sollten'. Sie werden immer mehr fähig, Ihre Gefühle so anzunehmen, wie sie sind; mit der Zeit werden Sie freundlicher, besser gestimmt, zufriedener und offener. Der andere Aspekt sorgt für geistige Klarheit: Die gedankliche und emotionale Verwirrung nimmt ab, Ihr Denken und Fühlen wird reiner, klarer und direkter.

Diese beiden Aspekte der inneren Wandlung werden von zwei Meditationstechniken besonders angeregt: der erste von der *mettā-bhāvanā*, der Entfaltung von Herzenswärme oder liebender Güte, der zweite von der Vergegenwärtigung des Atems, der Entwickung von Geistesklarheit und Gerichtetheit. Deshalb empfehlen wir, diese beiden Methoden im Wechsel zu üben.

Die *mettā-bhāvanā*: Freundlichkeit und Liebe entfalten

Was heißt *mettā-bhāvanā*? Der Begriff kommt aus dem alten Indien. Er setzt sich aus zwei Teilen zusammen: *mettā* und *bhāvanā*. *Bhāvanā* bedeutet ‚hervorbringen', ‚entwickeln', ‚entstehen' oder ‚wachsen lassen'. *Mettā* hingegen ist nicht so eindeutig zu übersetzen. Daher behält man für diese Meditationsmethode meistens den altindischen Begriff bei. *Mettā* ist mit dem Wort *mitta* verwandt,

das Freund bedeutet. So könnte man sagen, *mettā* ist ein so starkes Gefühl der Zuneigung oder Liebe, wie man es für einen sehr guten Freund empfindet. Doch geht *mettā* weit darüber hinaus und beschränkt sich nicht nur auf einen oder wenige Menschen, sondern schließt alle Menschen und alle Lebewesen in ein machtvolles Gefühl umfassender, starker Freundlichkeit und Liebe ein. Das Üben der *mettā-bhāvanā* hilft Ihnen, mit der Zeit eine solch positive Emotion zu entwickeln – sich selbst und anderen Lebewesen gegenüber. Das Karanīya-Mettā-Sutta am Ende der CD vermittelt Ihnen ein plastisches Bild von der Schönheit und Weite dieses Gefühls. Freundlichkeit oder die Fähigkeit zu wirklicher Freundschaft und Herzenswärme ist eine grundlegende und wichtige menschliche Qualität. Die buddhistische Überlieferung betrachtet deshalb eine von Herzen kommende freundliche Gesinnung als mindestens ebenso wichtig für die spirituelle Entwicklung wie die Konzentration oder Sammlung des Geistes. Für viele Menschen im Westen ist die Entwicklung positiver Emotionen sogar weitaus wichtiger.

Gesunde Emotionen kultivieren

Wahrscheinlich wissen Sie aus eigener Erfahrung, wie es ist, gereizt und mißmutig zu sein: Das Verständnis für die Welt ist eingeschränkt und eng. Wenn Sie dagegen in einer guten Verfassung sind, fühlen Sie sich weiter und offener. Sie können leichter zuhören und tiefer verstehen. Die Meditation über liebende Güte oder Wohlwollen und Freundlichkeit hilft, eine solche Geisteshaltung aktiv zu kultivieren und sich auf diese Weise emotional zu heilen.

Überblick über die Methode

Ein wesentlicher Aspekt von Meditation ist eine gute Vorbereitung. Sorgen Sie dafür, daß Sie für die Dauer Ihrer Übung nicht gestört werden können. Bereiten Sie Ihren Meditationssitz vor, und lenken Sie Ihre Gedanken schon vor der Meditation auf die bevorstehende Übung. Vielleicht trinken Sie in Ruhe eine Tasse Tee, schauen – ohne an etwas Bestimmtes zu denken – eine Weile lang aus dem Fenster,

spüren Ihren Körper und Ihre gesamte Gemütsverfassung. Je besser Sie vorbereitet sind, desto schneller werden Sie in die Meditation hineinfinden.

Die *mettā-bhāvanā* hat fünf Abschnitte, die wir nun kurz beschreiben werden. Zu Beginn der Meditation sitzen Sie ein paar Minuten lang still da, sammeln Ihre Gedanken und nehmen Kontakt mit Ihren Gefühlen auf. Dann ...

... spüren Sie Ihren Körper, Ihre Emotionen und führen sich Ihre allgemeine Lebenssituation vor Augen. Wie fühlt es sich an, das zu tun? Seien Sie sich aller emotionalen Regungen wie Freude oder Traurigkeit bewußt. Spüren Sie einfach, was da ist – ohne zu bewerten oder abzuwehren. Es ist nicht wichtig, ob Sie Worte dafür finden; versuchen Sie es erst gar nicht! Erleben Sie einfach, was gerade geschieht. Entwickeln Sie dann ein Gefühl von Freundlichkeit und Wohlwollen sich selbst gegenüber und wünschen sich selbst Wohlergehen. Vielleicht finden Sie es hilfreich, innerlich zu sagen: „Möge ich glücklich und zufrieden sein." (Wiederholen Sie diese Worte aber nicht mechanisch, sondern *erspüren* Sie ihren Sinn.) Halten Sie die Aufmerksamkeit so stetig wie möglich bei diesem Gefühl von Freundlichkeit, und wenn Sie abschweifen, kommen Sie immer wieder geduldig und freundlich dazu zurück. Nach ein paar Minuten ...

... konzentrieren Sie die Aufmerksamkeit auf einen guten Freund oder eine gute Freundin (vielleicht erscheint in Ihrem Geist ein Bild dieses Menschen, vielleicht ein Gefühl, ein Gesamteindruck oder auch eine Begebenheit aus der Vergangenheit). Wählen Sie in diesem Abschnitt niemanden, für den Sie ‚kindliche' oder ‚elterliche' Gefühle hegen (die Person sollte deshalb nicht sehr viel älter oder jünger als Sie selbst sein) oder den Sie sexuell anziehend finden. Die buddhistische Überlieferung rät, eine Person gleichen Geschlechts und ungefähr gleichen Alters zu wählen, da ansonsten die Übung unnötig erschwert wird. Erspüren Sie Ihre innere Antwort auf ‚den Freund', so wie Sie jetzt für ihn empfinden, und versuchen Sie, ein starkes Gefühl von Freundlichkeit entstehen zu lassen. Festigen

und vertiefen Sie diese freundschaftlichen Gefühle, sosehr Sie können. Nach einigen Minuten ...

... denken Sie an eine sogenannte ‚neutrale' Person. Das ist jemand, den Sie weder besonders mögen noch ablehnen, der Ihnen also im Grunde gleichgültig ist. Sie kennen diesen Menschen aber gut genug, daß Sie ihn sich klar vorstellen können. Nehmen Sie wieder wahr, wie es sich anfühlt, an diesen Menschen zu denken. Das Gefühl wird möglicherweise nicht sehr deutlich sein; bleiben Sie einfach bei dem, was Sie vorfinden, und suchen Sie nach einer freundlicheren, interessierteren Regung. Versuchen Sie, diesen Menschen zu erforschen, sich vorzustellen, was sie oder ihn glücklich machen würde – und bemühen Sie sich besonders darum, Ihre Aufmerksamkeit aufrechtzuerhalten, denn es ist natürlich nicht leicht, sich für eine ‚neutrale' Person zu interessieren. Bleiben Sie also aufmerksam, und fahren Sie einige Minuten lang fort, *mettā* zu entwickeln. Dann ...

... wenden Sie Ihre Aufmerksamkeit einer ‚schwierigen' Person zu. Diese ‚schwierige' Person ist jemand, mit dem Sie zur Zeit nicht besonders gut auskommen. Jeder Mensch, den Sie nicht mögen oder der Sie nicht mag, kommt hier in Frage. Spüren Sie erneut, wie Ihre tatsächliche innere Reaktion auf diesen Menschen in der Meditation ist. Wahrscheinlich haben Sie vorgefaßte Meinungen darüber, wie Sie für diesen Menschen fühlen. Lassen Sie nicht zu, daß solche Vorurteile Ihre tatsächlichen Empfindungen behindern. Bemühen Sie sich um einen neuen emotionalen Zugang, der auf Verständnis und Wohlwollen beruht. Versuchen Sie, alle Gefühle von Feindseligkeit und Widerwillen einfach gehen zu lassen, ohne sich etwas vorzumachen. Nehmen Sie diese Person in ihrem Menschsein an, und lassen Sie Ihre durch die eigene Subjektivität getrübte Wahrnehmung immer mehr in den Hintergrund treten, bis sie ganz verschwunden ist. Verweilen Sie mit Ihrer Aufmerksamkeit bei dieser wohlwollenden Antwort. Wenn sie nicht gleich eintritt, experimentieren Sie mit den weiter unten genannten Ansätzen, und bleiben Sie vor allem auch sich selbst gegenüber freundlich, wenn

Sie noch nicht so liebevolle Gefühle spüren, wie Sie das gerne möchten. Dann …

… konzentrieren Sie sich auf alle vier Personen zugleich – sich selbst, den Freund bzw. die Freundin, die ‚neutrale' und die ‚schwierige' Person – und entwickeln für alle in gleicher Weise *mettā*, so daß Sie für keinen weniger Freundlichkeit empfinden als für den anderen. Wenn Sie wollen, versammeln Sie in Ihrer Vorstellung diese Menschen alle um sich. Verbringen Sie ein paar Minuten damit (und vergessen Sie dabei nicht sich selbst!), um schließlich …

… der *mettā* zu erlauben, sich immer mehr und in alle Richtungen auszudehnen – bis sie schließlich die ganze Welt umfaßt. Beginnen Sie mit den Menschen in Ihrer unmittelbaren Nähe, vielleicht im selben Raum oder Gebäude. Dann stellen Sie sich alle Menschen in der Nachbarschaft vor, danach alle im Ort, in der Stadt oder in dem Land, wo Sie sich gerade aufhalten. Breiten Sie das Gefühl von Wohlwollen und Freundlichkeit auf solche Weise in immer weiteren Kreisen aus – schließen Sie jeden Menschen darin ein: im eigenen Land, in diesem und in anderen Erdteilen, auf der ganzen Erde und im Universum. Denken Sie an alle Menschen und was diese wohl gerade erleben mögen, während Sie hier meditieren. Schließen Sie auch alle Tiere und alles, was es an empfindenden Wesen geben mag, mit ein. Versuchen Sie, mit einer gleich starken Liebe und Freundlichkeit an sie alle zu denken.

Verschiedene Ansätze zum Entwickeln von mettā

Die *mettā-bhāvanā* nutzt die Gesetzmäßigkeit, daß Gedanken und Gefühle um so stärker werden, je mehr wir uns auf sie konzentrieren. Deshalb geht es meistens erst einmal darum, wenigstens einen Funken eines angenehmen Gefühls aufzuspüren und dabei zu verweilen. Wie man das tut, ist eine sehr persönliche Sache, jeder muß seinen eigenen Weg finden. Doch hier sind einige weitere Vorschläge, wie Sie *mettā* entwickeln können. Nutzen Sie die folgenden Beispiele als Anregung, um selbst zu erforschen, was für Sie am besten wirkt.

Vorbereitung	Finden Sie eine bequeme Haltung, und nehmen Sie sich etwas Zeit, um sich auf Ihre momentane Erfahrung einzustimmen.
Phase 1	Entwickeln Sie Freundlichkeit und Wohlwollen für sich selbst.
Phase 2	Entwickeln Sie liebende Freundlichkeit für einen Menschen, den Sie gerne mögen.
Phase 3	Entwickeln Sie Freundlichkeit für eine ‚neutrale' Person.
Phase 4	Entwickeln Sie Wohlwollen für eine ‚schwierige' Person.
Phase 5	a) Entwickeln Sie in gleichem Maß liebende Freundlichkeit für jede der bisherigen Personen. b) Dehnen Sie das Wohlwollen auf alle Wesen aus.
Ausklang	Sitzen Sie noch eine Weile lang bloß da und spüren nach, wie die Übung auf Sie gewirkt hat.

Erinnern Sie sich beispielsweise an eine Zeit, in der Sie sehr glücklich waren. Erleben Sie in Ihrer Vorstellung erneut, wie es damals war. Oder vergegenwärtigen Sie sich all die verborgenen Fähigkeiten, die in Ihnen schlummern, Ihr gesamtes Potential, das Sie mit genügend Selbstachtung und Selbstvertrauen tatsächlich verwirklichen können. Wenn Sie es hilfreich finden, können Sie auch bildhafte Vorstellungen benutzen. Vielleicht stellen Sie sich eine sich öffnende Blüte vor, einen strahlenden Sommertag, oder Sie sehen Ihren Körper mit wunderschönem Licht oder einer kühlenden Flüssigkeit gefüllt, die für die Liebe und Güte stehen, die Sie zu entfalten versuchen. Bilder zeigen oft eine Wirkung, wenn bloße Worte und Gedanken versagen.

Sobald Sie eine gewisse Freundlichkeit in sich wahrnehmen, sollten Sie Ihre gesamte Aufmerksamkeit darauf richten und sie mit aller Kraft unterstützen. Dadurch wird die *mettā* allmählich tiefer und stabiler. Verlieren Sie sich nicht in Phantasien oder Ablenkungen, sondern nutzen Sie Ihr Denken und Ihre Vorstellungskraft, um eine Verbindung zu dem Gefühl von *mettā* zu knüpfen, und bleiben Sie mit ungeteilter und interessierter Aufmerksamkeit

dabei. Dieses ‚Verweilen' oder ‚Fokussieren' ist der wichtigste Aspekt dieser Meditationsform. Es ist der Aspekt, der in die Tiefe führt. Alles andere ist dagegen nur Vorbereitung.

Die Meditationsübung positiv unterstützen

Zeit und Ort

Da Sie sich nun einmal zum Meditieren entschlossen haben, schaffen Sie am besten auch gleich die Voraussetzungen, die am ehesten zum Erfolg führen. Dazu gehört vor allem regelmäßiges Üben. Ob man den Tag mit einer Meditation beginnt oder beschließt, ist nebensächlich, wichtiger ist die Regelmäßigkeit. Anfangs kann es hilfreich sein, immer zur gleichen Zeit zu üben. Sie müssen dann keine Gedanken mehr darauf verwenden, wann Sie meditieren werden oder ob Sie heute schon meditiert haben. Das kann es erleichtern, die Meditation zu einer positiven Gewohnheit zu machen.

Richten Sie sich einen festen Platz ein, damit Sie sich jederzeit ohne große Umstände hinsetzen können. Wählen Sie dazu einen möglichst ruhigen Ort in Ihrer Wohnung. Die zeitliche und räumliche Festlegung gibt Ihrer Übung nicht nur den nötigen Halt, sondern Sie werden auch durch sichtbare Zeichen ans Meditieren erinnert. Vielleicht richten Sie diesen Platz besonders schön her, um damit eine einladende, friedvolle Atmosphäre zu schaffen. Ein paar Blumen, Steine, Kerzen oder auch ein schönes Bild können dazu dienen. Nehmen Sie einfach etwas, das Sie persönlich anspricht. Wenn Sie sich zur Meditation hinsetzen, wirken überdies frische Luft und ein angenehm duftendes Räucherstäbchen oder eine Duftlampe anregend und zugleich beruhigend auf den Geist.

Gewahrsein entwickeln

Es ist in vieler Hinsicht gewinnbringend zu lernen, aufmerksam, achtsam und bewußt zu sein – sowohl in der Meditation als auch außerhalb. Beim Meditieren sollte Ihre Aufmerksamkeit ganz natürlich und leicht bei der Aktivität verweilen, für die Sie sich

entschieden haben (den Atem beobachten oder Liebe und Freundlichkeit entwickeln). Doch sollten Sie sich zugleich auch dessen gewahr sein, was sonst noch in Ihnen vor sich geht. Nehmen Sie Ihre Empfindungen, Gefühle und Emotionen sowie Ihre Gedanken wahr. Spüren Sie den Körper – die Art, wie Sie sich halten, bewegen oder was immer Sie gerade tun. Wenn Sie auch außerhalb der Meditation Ihr Gewahrsein auf diese Weise schulen, sind Sie ziemlich gut vorbereitet, wenn Sie sich zur Meditation hinsetzen. Eine gute Vorbereitung ist die halbe Meditation: Je mehr Sie im Alltag darauf achten, geistig klar, empfänglich, engagiert und emotional positiv zu sein, desto leichter wird Ihnen das Meditieren fallen.

Ethisch leben

Ein gutes Gewissen hat einen erheblichen Einfluß auf unser Vermögen, aufmerksam zu sein. In vielen spirituellen Traditionen – so auch im Buddhismus – gilt eine ethische Lebensführung als Grundlage für persönliches Wachstum und spirituelle Entwicklung. Der ethische Wert Ihrer Gedanken und Gefühle, Ihres Umgangs mit anderen Menschen und Ihres Handelns im Alltag sind ausschlaggebend für das Gelingen der Meditation. Die Meditationsmeister der buddhistischen Überlieferung empfehlen deshalb die Beachtung von fünf ethischen Prinzipien: Seien Sie freundlich – sich selbst und anderen gegenüber –, und unterstützen Sie das Positive. Geben Sie freizügig von dem, was Sie haben, und üben Sie zugleich eine heitergelassene Zufriedenheit auch hinsichtlich dessen, was Sie nicht haben. Seien Sie aufrichtig und wahrhaftig in Ihren Äußerungen, und tun Sie alles, um geistig klar und besonnen zu bleiben. Halten Sie sich daher mit Drogen – auch mit alltäglichen – und allem, was Ihren Geist trüben würde, zurück.

In der Meditation arbeiten

Wenn Sie aufrichtig üben, können Sie davon ausgehen, daß Sie Fortschritte machen werden. Dabei ist es wichtig zu lernen, wie Sie mit der Vielfalt der Erfahrungen angemessen umgehen können. Sie

werden deutlicher erleben, ob die jeweilige Verfassung Ihres Geistes angenehm oder unangenehm ist (das hängt davon ab, was in Ihrem Leben gerade geschieht). Außerdem werden Sie spüren, wie das, was Sie in der Meditation tun, auf die Verfassung Ihres Geistes zurückwirkt. Wer z. B. überarbeitet ist, wird den Beginn der Meditationsübung wahrscheinlich nicht angenehm finden. Wenn man allerdings die Aufmerksamkeit stetig zu seinen Gefühlen zurückbringt, wird sich der anfängliche innere Druck eher lösen, und man kann sich entspannen (vermutlich geschieht das eher schrittweise über mehrere Übungsphasen hinweg).

Effektiv in der Meditation zu arbeiten heißt, sich zweier Dinge bewußt zu sein. Erstens: Was *will* ich tun (welche Methode werde ich üben)?, und zweitens: Was geschieht, während ich das tue? Sie machen also zwei Dinge zugleich: Sie üben eine bestimmte ‚Technik' – die Sammlung auf den Atem oder die Entwicklung von Herzenswärme – *und* Sie sind sich all dessen gewahr, was im Geist (Fühlen, Denken und Emotionen) und im Körper (Haltung, physische Empfindungen und Bewegungen) vor sich geht. Eben deshalb ist es so wichtig, dieses Gewahrsein auch außerhalb der Meditation zu pflegen; dann fällt es in der Meditation leichter und wird Ihnen so bekannt und vertraut sein, daß Sie nur wenig Energie darauf verwenden müssen und sich voll auf die eigentliche Meditationspraktik konzentrieren können.

Anfängergeist

Jede Meditationsübung kann – und soll – eine ganz neue, oft überraschende Erfahrung sein. Vermeiden Sie es, in eine mechanische Routine zu verfallen. Bleiben Sie flexibel und schöpferisch in Ihrem Herangehen an die Meditationsübung. Seien Sie offen für die Möglichkeit, daß Sie eigentlich noch gar nicht wissen, was Meditation wirklich ist – selbst wenn Sie vielleicht schon seit Jahren üben. Die Meister des Zen fordern uns deshalb auf, immer diese offene Haltung – den Geist eines Anfängers – zu bewahren.

Freude und Genuß

Manchen Menschen fällt das Meditieren von Anfang an sehr leicht, und sie genießen es. Hoffentlich zählen auch Sie dazu. Wenn nicht, können Sie etwas dafür tun, um an der Meditation mehr Gefallen zu finden. Sie könnten einen Meditationskurs besuchen oder mit anderen Interessierten gemeinsam üben. Auch die Einstellung, daß Meditation Freude bereitet, ist sehr nützlich: Ein gesammelter Geist ist zufrieden, entspannt und glücklich. Erwarten Sie aber nicht jedesmal einen spektakulären Hochgenuß. Betrachten Sie Ihre Meditation als etwas, das Ihnen allmählich zu einem gesammelteren, ‚heileren' und somit glücklicheren Zustand verhilft. Erhoffen Sie sich keine allzu schnellen Resultate, sondern haben Sie mit sich und Ihrer Übung Geduld.

Ablenkungen und andere Schwierigkeiten

Zuweilen werden Sie in der Meditation ziemlich abgelenkt sein: Möglicherweise verlieren Sie sich in jedem Abschnitt der *mettā-bhāvanā* immer wieder in Erinnerungen und Gedanken, ohne eine emotionale Verbindung mit dem jeweiligen Menschen zu spüren. Das heißt aber keineswegs, daß Sie nicht meditieren können. Ablenkungen sind für einen ungeschulten Geist ganz normal. Genau diesem Zustand will man durch Meditation Abhilfe schaffen. Doch oft wird durch die Übung selbst das Ausmaß der eigenen Abgelenktheit erst richtig deutlich. Das beste in diesem Fall ist, die Ablenkung als solche zu erkennen und freundlich, aber bestimmt zum Meditationsobjekt zurückzukehren. Auch erfahrene Meditierende erleben Ablenkungen; doch haben sie gelernt, schöpferisch damit umzugehen.

Manchmal scheint es, als ob man gar nichts fühlt. In solchen Fällen muß man den Kontakt mit seinen Sinnen wiederherstellen: Sitzen Sie sehr still, und ‚horchen' Sie in sich hinein. Seien Sie empfänglich für den ‚Grundton' Ihres Erlebens, selbst wenn gar nichts da zu sein scheint. Halten Sie die Aufmerksamkeit beim Körper, indem Sie sich vor allem auf Ihre Haltung konzentrieren; erleben Sie

die Gelöstheit oder Anspannung der Muskeln und den allgemeinen Fluß der Körperenergie. Werden Sie sich auch Ihrer Atmung bewußt. Wenn Sie dem Körper auf diese Weise Aufmerksamkeit schenken, finden Sie allmählich wieder Zugang zu den Sinnesempfindungen. Auf dieser Grundlage beginnen Sie schließlich auch Ihre Gefühle deutlicher wahrzunehmen. Sagen Sie vielleicht hin und wieder lautlos einen Satz zu sich selbst, wie „möge ich glücklich sein", und spüren, welche emotionale Antwort sich darauf einstellt.

Lassen Sie sich nicht irritieren, wenn Ihre Gefühle nur schwach sind. Oft sind sie sehr subtil – und sie müssen auch gar nicht überwältigend stark sein, damit man mit ihnen arbeiten kann. *Mettā* läßt sich sehr wirksam entwickeln, wenn der ‚Gefühlspegel' zwar niedrig, aber stabil ist.

Unser Erleben ist nur selten ausschließlich angenehm oder unangenehm; normalerweise ist es eher ‚bittersüß'. Wenn Sie sich auf Ihr aktuelles Erleben einstimmen und dabei angenehme und positive Gefühle wahrnehmen, fällt es ziemlich leicht, Freundlichkeit und Wohlwollen zu entfalten. Sollte Ihr Grundgefühl aber unangenehm oder neutral sein, vermeiden Sie es möglichst, mit Gleichgültigkeit, Abneigung, Frustration oder Selbstmitleid darauf zu reagieren. Denn der Ausgangspunkt von *mettā* ist immer ein verständnisvolles Annehmen Ihrer augenblicklichen Verfassung. Damit schaffen Sie die nötige Weite, die solche beengenden Gefühle wie Ärger oder Groll brauchen, um allmählich schwächer zu werden und sich schließlich ganz aufzulösen. Jedes dieser Gefühle wird vergehen, wenn Sie es nicht dadurch nähren, daß Sie ihm weitere Aufmerksamkeit schenken.

Oft wird man sich durch die Übung von Meditation des Grades der eigenen Negativität oder emotionalen Blockiertheit erst richtig bewußt. Doch stetes Üben wird eine positive Wirkung haben, auch wenn man anfangs vielleicht nur in Gedanken freundlich sein kann und noch keine starken Gefühle von Wärme und Wohlwollen spürt.

Ungewöhnliche geistige Erscheinungen

Manche Menschen, darunter auch Neulinge, erleben in der Meditation ungewöhnliche geistige Erscheinungen, wie beispielsweise wunderschöne Farben, phantastische Muster, Stimmen oder andere Geräusche. Der Fachbegriff für solche Erfahrungen ist *samāpatti*, sie können in den verschiedensten Formen auftreten. Vielleicht fühlt es sich so an, als sei Ihr Körper riesengroß geworden – wie ein Haus, ein Berg oder sogar eine Galaxie. Oder Sie fühlen sich winzig, mikroskopisch klein. Man kann sich wie auf den Kopf gestellt vorkommen oder als ob man in die der eigenen Blickrichtung entgegengesetzte Richtung schaut. Auch können Sie ganz unbeschreibliche körperliche Sinnesempfindungen erleben. So seltsam all diese Erfahrungen sein mögen, sie sind meistens zugleich angenehm. Indes sind sie kein Zeichen besonderen spirituellen Fortschritts – das ist nicht Erleuchtung! Ob *samāpattis* auftreten, hängt vom Temperament ab; viele Menschen erleben sie nie und kommen doch genausogut – oder gar besser – voran. Die *samāpattis* zeigen lediglich an, daß Sie einen bestimmten Konzentrationsgrad erreicht haben. Die Konzentration ist nun so tief geworden, daß Sie beginnen, Ihre normale Sinneserfahrung hinter sich zu lassen bzw. über sie hinauszugehen. Sie sind nicht mehr mit äußeren Sinnesreizen beschäftigt und erleben gewissermaßen als innere Reaktion darauf eigenartige Phänomene des Sehens, Hörens, Riechens, Fühlens oder Schmeckens. Schenken Sie diesen Erfahrungen keine weitere Beachtung; Sie sollten sie weder zu verstärken noch zu verhindern suchen. Wenn Sie später in eine ausgeglichenere Phase der Konzentration eintreten, verschwinden diese Erscheinungen von selbst wieder.

Der Meditation eine Chance geben

Wenn Sie vorurteilsfrei prüfen wollen, ob diese Meditation das Richtige für Sie ist, müssen Sie ihr eine ehrliche Chance geben. Entscheiden Sie sich deshalb, über einen nicht zu kurzen Zeitraum – vielleicht einen Monat lang – regelmäßig zu meditieren. Danach

können Sie rückblickend beurteilen, welche Wirkung das Üben dieser Meditation auf Sie und Ihr Leben gehabt hat.

Persönliche Anleitung

Entschließen Sie sich nach Ihrer ‚Testphase', weiterhin regelmäßig zu meditieren, lohnt es sich, persönliche Anleitung durch einen erfahrenen Lehrer zu suchen oder mit anderen Meditierenden Kontakt aufzunehmen. Dabei ist die Gelegenheit, von der Erfahrung eines Lehrers zu lernen, ebenso wichtig wie die Unterstützung und Ermutigung, die Sie von den Mitübenden erhalten.

Die Meditationsmethode auf dieser CD wird zum Beispiel in den Zentren der Freunde des Westlichen Buddhistischen Ordens geübt, die Sie an verschiedenen Orten im deutschsprachigen Raum finden können (Anschriften finden Sie am Ende dieses Hefts). Dort erhalten Sie qualifizierte Anleitung sowie Hintergrundinformationen und treffen zugleich Menschen, die Ihr Interesse an Meditation teilen.

Wenn Sie mehr praktische Hinweise wünschen, als wir hier geben konnten und sich auch mit dem theoretischen Hintergrund von Meditation beschäftigen möchten, empfehlen wir Ihnen das Buch von Anthony Matthews *Meditation, Der buddhistische Weg zu Glück und Erkenntnis*. Es geht ausführlicher auf die hier vorgestellte Meditationsmethode ein und enthält zahlreiche konkrete Tips zum Umgang mit etwaigen Schwierigkeiten, die bei der Meditation auftauchen können.

Die Meditationshaltung

Während der Meditation hat der Körper die Aufgabe, dem Geist zu ermöglichen, sich zu sammeln und ihn zu unterstützen. Deshalb ist eine Haltung ideal, in der man möglichst lange völlig still und entspannt, aber zugleich hellwach verweilen kann.

Am besten sitzt man aufrecht, denn der Geist soll wach bleiben. Im Liegen wird man leicht schläfrig. Man strebt also nach einer Haltung, für die der Körper möglichst wenig Energie aufwenden muß, in der das Herz ganz ruhig schlagen kann und die Lungen nicht eingeengt sind, so daß die Ein- und Ausatmung ebenfalls leicht und natürlich fließt.

Jede Haltung, die Spannungen vermindert und zugleich die Wachheit fördert, läßt in uns ein Gefühl von Vitalität entstehen, was die Konzentration sehr erleichtert. Das Prinzip von Entspanntheit und Wachheit als Vorbedingungen für Vitalität und Konzentration bildet die grundlegende Richtschnur für den Aufbau der Meditationshaltung.

Wenn Sie Ihren Oberkörper in einem aufrechten Gleichgewicht über der Sitzfläche halten können, benötigen Sie nur ein Minimum an Muskelkraft, um ihn zu stützen. Befinden sich überdies die Arme und Beine jeweils in spiegelbildlicher Lage zueinander, dann wird es im Körper nur ein Minimum ablenkender Spannungen geben.

Wenn nötig, kann man in fast jeder Körperhaltung meditieren. Ein Kranker hat vielleicht keine andere Wahl, als im Bett zu liegen. Außerdem gibt es Gehmeditationen, und es spricht auch nichts dagegen, im Stehen zu meditieren. Doch normalerweise ist die eine

oder andere Art von Sitzhaltung für eine tiefe Konzentration am besten geeignet.

Zwei Grundprinzipien

Für eine gute Haltung sind zwei Aspekte grundlegend. Zum einen nutzt sie die Balance und Struktur des Knochengerüsts – und nicht die Muskeln. Dabei geht es eher darum, das Wirken der Schwerkraft im Körper zu nutzen, als in einer ganz bestimmten Haltung zu sitzen. Daher ist es wichtig, daß Sie ein achtsames Gespür für den Körper entwickeln und wachhalten sowie die Prinzipien der Meditationshaltung genau verstehen. Von Zeit zu Zeit werden Sie allerdings immer wieder kleine Korrekturen vornehmen müssen.

Zum anderen ist beim Sitzen das Becken der wichtigste Träger der gesamten Körperstruktur. Damit es das volle Gewicht des Oberkörpers tragen und zugleich selbst im Gleichgewicht bleiben kann, darf der untere Rücken weder rund werden noch ein Hohlkreuz bilden. (Auf diese Haltungsfehler werden wir gleich im einzelnen eingehen.)

Das ganze Gewicht des Oberkörpers lastet auf den ‚Sitzhöckern' des Beckens – den beiden vorstehenden Knochenpartien, die beim Sitzen ins Kissen oder in die Sitzfläche drücken. Das Gewicht soll gleichmäßig auf die Sitzhöcker verteilt sein, damit man die Muskeln zu beiden Seiten des Rückens und Nackens nicht überanstrengt.

Die ideale Haltung

Die Sitzhaltungen mit überkreuzten Beinen sind nicht die einzigen Möglichkeiten, unter denen man für die Meditation wählen kann. Wenn Sie mögen, nehmen Sie einen geraden Stuhl oder sitzen kniend auf einer Meditationsbank. Sind Ihre Hüften jedoch flexibel genug, um mit gekreuzten Beinen zu sitzen, dann sollten Sie diese Haltung zuerst ausprobieren.

Der bekannte ‚volle Lotos-Sitz' (Abb. 1, 2) ist diejenige Meditationshaltung, die ein Höchstmaß an Entspannung und geistiger

Abb. 1 Voller Lotos-Sitz

Beweglichkeit ermöglicht. Leider sind die meisten Menschen in den Hüftgelenken und Oberschenkeln zu steif, um auf diese Weise bequem oder überhaupt mit gekreuzten Beinen sitzen zu können. Selbst wenn es Ihnen gelingt, im vollen Lotos zu sitzen, sollten Sie

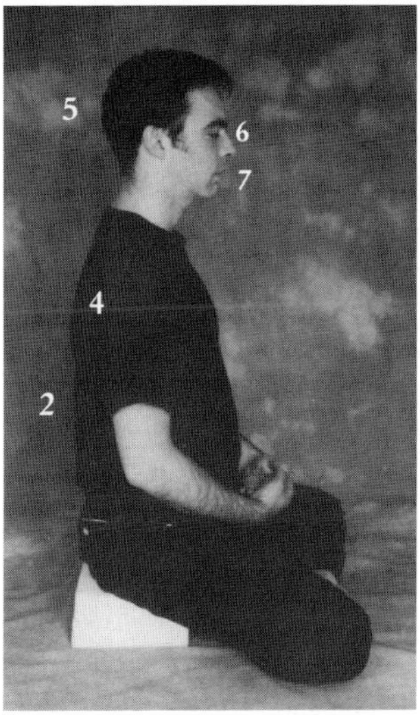

Abb. 2 Lotos-Sitz, Seitenansicht

längere Perioden in dieser Haltung so lange vermeiden, bis Ihre Hüften (evt. durch Übungen) so beweglich sind, daß sie Ihnen ziemlich leicht fällt. Das ist äußerst wichtig, denn andernfalls setzen Sie die Kniegelenke einer zu großen Spannung aus, was zu Dauerschäden führen kann. Meditierende müssen auf ihre Knie besonders achtgeben.

Der volle Lotos-Sitz hat sieben Merkmale (Abb. 1–3):

(1) Die Beine sind so gekreuzt, daß die Füße mit nach oben gekehrten Sohlen auf dem Oberschenkel des jeweils anderen Beins liegen.

(2) Die Wirbelsäule ist aufrecht und bildet weder ein Hohlkreuz noch einen Rundrücken.

(3) Die Hände ruhen fünf bis acht Zentimeter unterhalb des Nabels im Schoß (das variiert je nach Länge der Arme und des Oberkörpers). Eine Hand liegt in der anderen; die Handteller weisen nach oben, und die Daumenkuppen berühren einander leicht (Abb. 3).

(4) Die Schultern sind entspannt und ein wenig nach hinten gerollt, damit die Brust geöffnet bleibt.

Abb. 3 Handhaltung

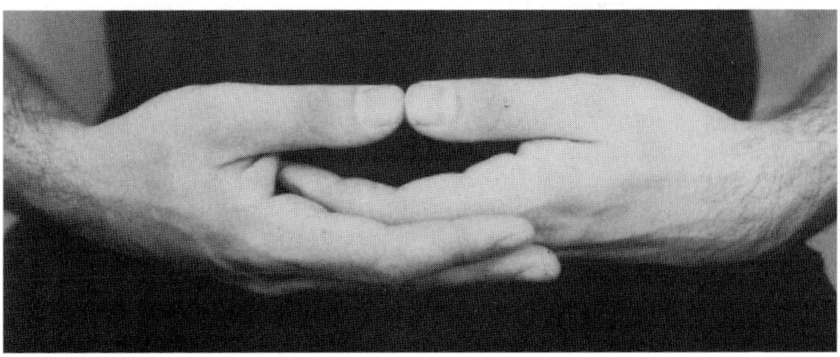

(5) Der Kopf ruht gleichmäßig ausbalanciert auf der Wirbelsäule.

(6) Der Blick ist – mit leicht geschlossenen oder halb offenen Augenlidern – ein wenig gesenkt.

(7) Der Mund ist entspannt, die Zähne sind nicht zusammengebissen und die Lippen sanft geschlossen. Die Zunge berührt ganz leicht den Gaumen oberhalb der Schneidezähne.

Es ist wichtig zu betonen, daß dies eine ideale Haltung ist. Vielen Menschen werden die Punkte 2 bis 7 keine Schwierigkeiten bereiten, aber nur wenige finden die Beinhaltung des vollen Lotos-Sitzes leicht. Glücklicherweise ist es unerheblich, ob Sie die Beine auf genau diese Art verschränken, und es gibt einige fast ebenso gute Alternativen. Viele Menschen können im halben Lotos sitzen, der sehr ähnlich ist. Wenn Sie die Abbildungen 4 bis 10 betrachten, werden Sie wahrscheinlich eine fürs erste passende Sitzhaltung finden. Dabei sind immer auch die Merkmale des vollen Lotos-Sitzes unter Punkt 2 bis 7 zu beachten.

Systematischer Aufbau der Sitzhaltung

Am besten prägen Sie sich die folgende Vorgehensweise für den Aufbau Ihrer Haltung gut ein. Regelmäßig zu Beginn Ihrer Meditation angewandt, ist sie eine systematische Methode zur Prüfung der Haltung. Mit ein wenig Übung wird diese Abfolge zur festen Gewohnheit. Dann benötigen Sie dafür kaum länger als ein paar Sekunden. Gelegentlich werden Sie aber auch mehr Zeit darauf verwenden müssen.

Schritt 1: Nehmen Sie eine ausreichend groß gefaltete Decke als Unterlage. Sie darf nicht zu weich sein, damit der Sitz nicht instabil wird. Wählen Sie feste Kissen mit einer für Sie angemessenen Sitzhöhe (oder eine Meditationsbank oder was Sie gerade benutzen möchten). Es gibt zwar spezielle Meditationskissen, doch können Sie sich auch einfach mit festen (Schaumstoff-)Kissen oder einer ordentlich gefalteten Decke behelfen. Setzen Sie sich hin und nehmen eine der abgebildeten Beinhaltungen ein (Abb. 4–10). Wenn Sie mit

Abb. 4 Halber Lotos

Abb. 5 Ein Fuß auf der Wade

Abb. 6 Ein Fuß vorn

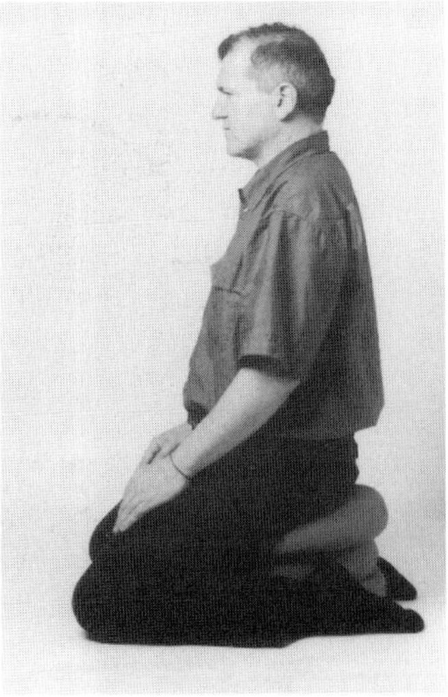

Abb. 7 Knien mit Kissen

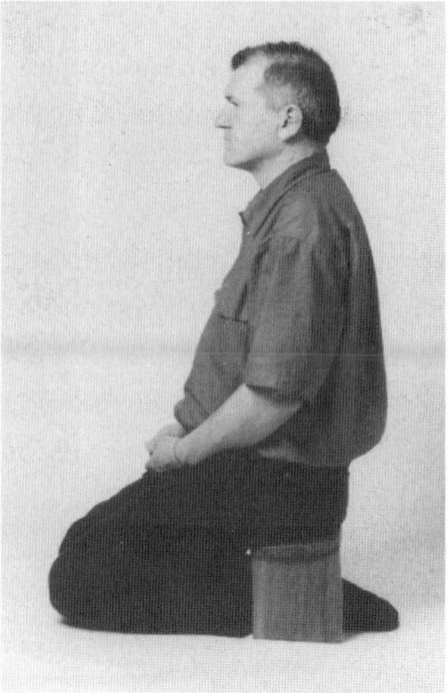

Abb. 8 Knien mit einem Bänkchen

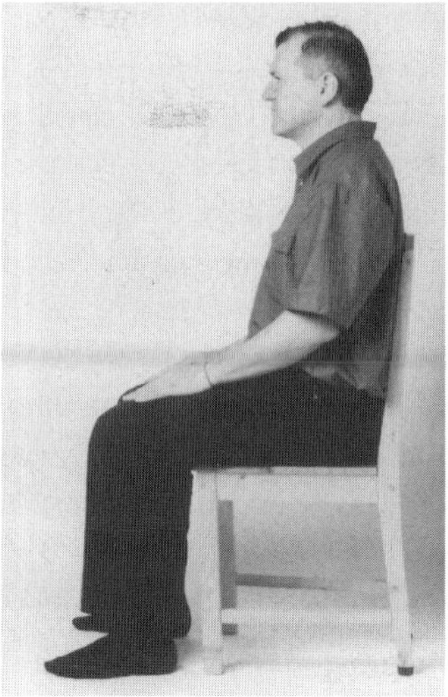

Abb. 9 Auf einem Stuhl sitzen

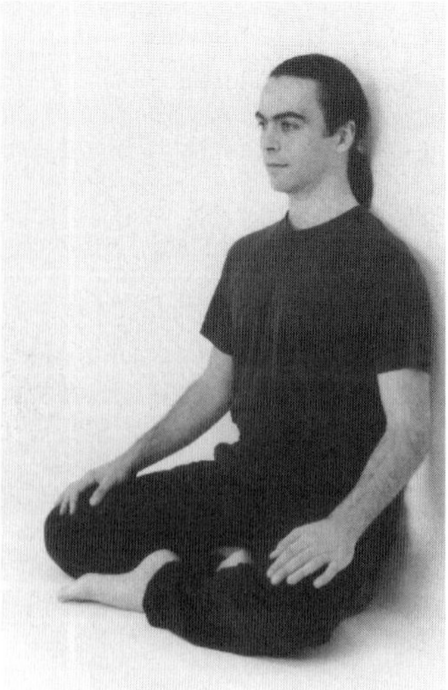

Abb. 10 Mit dem Rücken an der Wand

gekreuzten Beinen oder auf einem Stuhl sitzen, ist es für die Rückenaufrichtung sehr hilfreich, eher an der Kante zu sitzen, so daß die Oberschenkel nicht auf der Sitzfläche aufliegen.

Falls Sie mit gekreuzten Beinen sitzen, kümmern Sie sich vorerst nicht darum, ob die Knie den Boden berühren. In der endgültigen Haltung müssen die Beine tiefer liegen als die Hüften, sonst wird sich Ihr Rücken krümmen. Bei diesem ersten Schritt geht es aber vor

allem darum, die richtige Höhe Ihrer Sitzgelegenheit zu bestimmen. Schon wenige Zentimeter Höhenunterschied können ausschlaggebend sein. Bei einer gewissen Höhe werden Sie spüren, daß Ihr Körper im Gleichgewicht ist, und dieses Bewußtsein hilft Ihnen dann, die Beine und den Rücken auszurichten.

Durch eine falsche Sitzhöhe werden zwei häufige Sitzfehler (Abb. 11, 12) verursacht, die die gesamte Haltung beeinträchtigen können. Sie führen zu einem Hohlkreuz bzw. einem Rundrücken.

Ein Hohlkreuz – die übermäßige Krümmung der Wirbelsäule nach innen – entsteht oft, wenn der Sitz zu hoch ist. Die falsche Höhe bewirkt, daß sich der obere Beckenknochen nach vorne und das Steißbein nach hinten bewegt, was das Gesäß vorstehen läßt. Dadurch neigt das Körpergewicht dazu vornüberzufallen. Dieser Tendenz versucht man nun, mit der Bildung eines Hohlkreuzes entgegenzuwirken. Das belastet den unteren Rücken, bis er zu schmerzen beginnt.

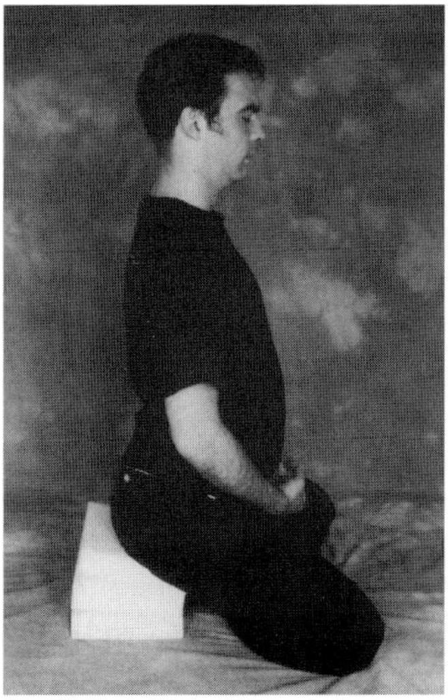

Abb. 11 Hohlkreuz

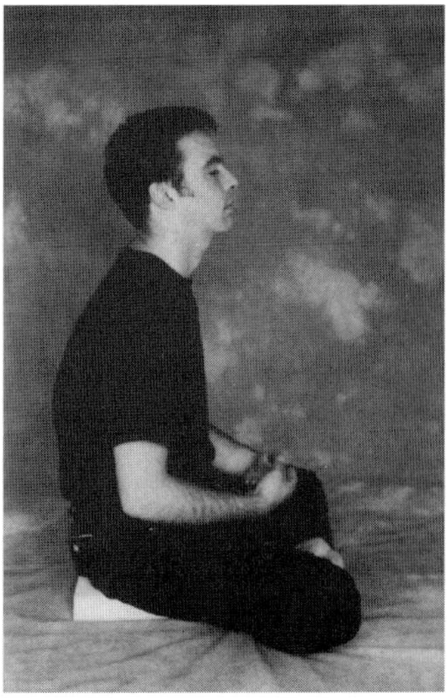

Abb. 12 Rundrücken

Einem leichten Hohlkreuz können Sie abhelfen, indem Sie im unteren Rücken entspannen und die Wirbelsäule in ihre natürliche Position zurückkehren lassen. Wenn das nicht ausreicht, probieren Sie eine geringere Sitzhöhe aus.

Ein Rundrücken kann auftreten, wenn man zu tief sitzt. Hier passiert das Gegenteil: Der obere Teil des Beckens fällt zurück, und das Steißbein bewegt sich nach vorn. Man bricht im unteren Rücken ein, und das Gewicht des Körpers fällt nach hinten. Um zu verhindern, daß man rückwärts fällt, beugt man sich vor und läßt dabei die Brust einsinken. Diese unbequeme Stellung führt zu schmerzhaften Spannungen in Nacken und Schultern.

Einem leichten Rundrücken können Sie entgegenwirken, indem Sie sich einfach daran erinnern, aufrecht zu sitzen (aber nicht stocksteif wie ein Besenstiel, sondern mit natürlich geschwungener Wirbelsäule). Wenn das nicht ausreicht, experimentieren Sie mit einem höheren Sitz.

Schritt 2: Spüren Sie, wie Ihr Körpergewicht die beiden ‚Sitzhöcker' des Gesäßes in die Sitzfläche preßt. Behalten Sie dieses Gewahrsein als Grundorientierung bei. Verteilen Sie dabei das Gewicht gleichmäßig auf beide Gesäßhälften und erlauben der Wirbelsäule, sich leicht zu heben und aufzurichten – jedoch ohne starr zu werden.

Schritt 3: Atmen Sie ein- oder zweimal tief ein, damit der Brustkorb und die Rippenbögen sich weiten können. Spüren Sie, wie die Schultern und Arme sich beim Einatmen leicht heben. Lassen Sie sie beim Ausatmen ein wenig rückwärts rollen und sich nach unten entspannen, so daß die Brust offen bleibt.

Schritt 4: Dann können Sie die Hände so in den Schoß legen, daß sie nicht gegen die nach rückwärts entspannte Position von Schultern und Armen arbeiten. Vielleicht finden Sie es hilfreich, die Hände auf ein kleines, flaches ‚Handpolster' im Schoß zu legen, da sie dann leichter entspannen können (s. Abb. 18). Das wird auch Ihre Schultern weiter lösen. Legen Sie eine Hand in die andere.

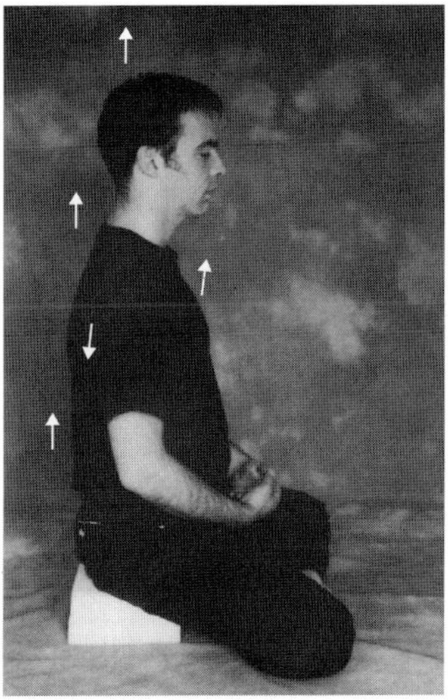

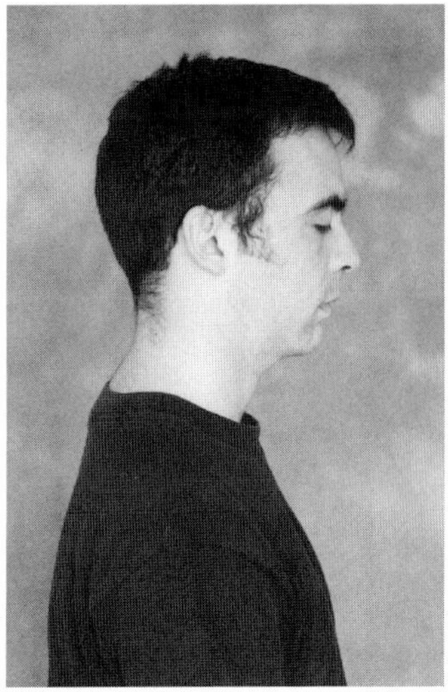

Abb. 13 Allgemeine Ausrichtung

Abb. 14 Kopfhaltung

Schritt 5: Richten Sie nun die Position des Kopfes aus. Wichtig ist dabei, daß der Kopf von der Wirbelsäule gestützt und nicht von den Nackenmuskeln gehalten wird. Das sollte sich aber keinesfalls starr anfühlen – überprüfen Sie es von Zeit zu Zeit während der Meditation. Die Nackenmuskeln sollen ganz entspannt sein, so daß der Kopf sich frei bewegen kann.

Den Kopf richten Sie aus, indem Sie sich gewahr werden, daß der Nacken eine Verlängerung der Wirbelsäule bildet. Vielleicht hilft es, ihn zunächst sanft nach hinten und dann nach vorn zu wiegen, bis er ins Gleichgewicht kommt. Spüren Sie den Punkt, wo der Schädel auf der Wirbelsäule ruht, und neigen Sie den Kopf ganz geringfügig nach vorn, so daß Ihr Blick ein bis zwei Meter vor Ihnen auf den Boden fällt. Zuletzt entspannen Sie Gesicht, Kiefer, Zunge und Kehle.

Schritt 6: Nun überprüfen Sie noch einmal die gesamte Haltung und achten besonders darauf, daß der Oberkörper nach allen Seiten hin aufrecht ist. Dazu wiegen Sie sich am besten sanft vom Becken aus in

jede Richtung, bis Sie spüren, daß Sie sich im Gleichgewicht befinden. Nun sind Sie in der Lage, Ihre Haltung noch genauer auf die Grundfehler von Hohlkreuz und Rundrücken zu überprüfen und die eventuell nötigen Korrekturen vorzunehmen.

‚Sich gut fühlen' genügt nicht

Die ganze Sitzhaltung soll so ausgewogen und symmetrisch wie möglich sein. Idealerweise wird jeder Körperteil von einem anderen im Gleichgewicht gehalten, so daß der ganze Körper nur minimal arbeiten muß. Die eben beschriebene Vorgehensweise zum Aufbau der Haltung hilft, diese Symmetrie und Balance zu erreichen.

Dabei gibt es allerdings ein wichtiges Problem: Lassen Sie sich nicht davon irreführen, daß Ihre Haltung sich gut anfühlt. Sehr oft ist das, was sich ‚richtig anfühlt', nur das, woran wir uns gewöhnt haben. Wenn also beispielsweise ein Freund oder Lehrer Ihre Haltung korrigiert, wird es sich wahrscheinlich erst einmal ungewohnt oder sogar falsch und schief anfühlen. Vermutlich werden Sie dazu neigen, langsam in Ihre vertraute (aber falsche und schädliche) Haltung zurückzukehren.

Selbst wenn Sie schon lange meditieren, ist es nicht gut, das eigene Gefühl zum einzigen Beurteilungsmaßstab der Haltung zu machen. Suchen Sie ab und an eine objektive Beurteilung – und sei es bloß durch einen Spiegel. Wie so oft im Leben fällt es uns nicht leicht, eigene schlechte Gewohnheiten zu erkennen, geschweige denn sie zu ändern. Eine persönliche Kontrolle und Rückmeldung ist deshalb notwendig. Bitten Sie gelegentlich einen Freund, Ihre Meditationshaltung kritisch zu begutachten, und nehmen Sie hin und wieder an Unterrichtsabenden oder längeren Meditationsveranstaltungen teil, wo auch Haltungshinweise gegeben werden.

Worauf Schmerzen hinweisen

Schmerzen sind deutliche Anzeichen einer fehlerhaften Körperhaltung. Gewisse Beschwerden können Sie durchaus ignorieren: leichte Schmerzen, die bald vorübergehen; das Gefühl einer gewissen Unbeholfenheit; ein Jucken oder auch andere Reize. Irgend etwas dergleichen gibt es fast immer, und Sie werden nie zur Ruhe kommen, wenn Sie sich nicht irgendwann entscheiden, sich damit abzufinden.

Solche Beschwerden gehen oft mit einer inneren Rastlosigkeit einher – mit einem unruhigen Geist, der sich auf einen eigentlich schwachen Reiz fixiert und davon geradezu besessen sein kann. Wenn Sie einer solchen Rastlosigkeit nachgeben, werden Sie keinen Zugang zur Meditation finden. Registrieren Sie diese Beschwerden einfach, und lenken Sie die Aufmerksamkeit auf etwas anderes.

Schmerzen können aber auch Warnsignale sein. Gefühle wie das Kribbeln oder die Taubheit eingeschlafener Glieder sollten Sie nicht ignorieren. Es ist nicht gut, wenn Körperteile ganz einschlafen. Das gleiche gilt für stechende Schmerzen. Sie deuten mit Sicherheit darauf hin, daß etwas nicht stimmt. Wenn Ihnen die Bedeutung einer Empfindung nicht ganz klar ist, reden Sie mit jemandem, der erfahrener ist als Sie. Manche Menschen scheinen zu glauben, Beschwerden gehörten nun einmal zur Meditation dazu. Wenn Sie das so weit treiben, daß Sie Gefahrenzeichen mißachten, riskieren Sie körperliche Schäden.

Die buddhistischen Schriften erinnern wiederholt daran, daß der menschliche Körper äußerst kostbar und schwer zu erlangen ist. Er ist die notwendige Grundlage, um zu meditieren, Einsicht und schließlich sogar Erleuchtung zu erlangen. Deshalb sollte man ihn freundlich und mit Wertschätzung behandeln.

Abb. 15 Decke gegen Kälte

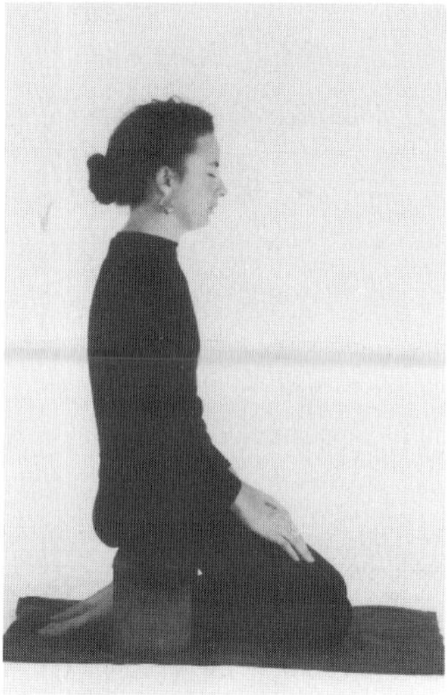

Abb. 16 Weiche Unterlage

Das Sitzen erleichtern

Die Dauerlösung für Haltungsprobleme liegt darin, ein Training aufzunehmen, das die Flexibilität und Kraft des Körpers steigert und ein gewisses Haltungsbewußtsein fördert – worauf wir gleich noch eingehen werden. Daneben gibt es aber auch verschiedene andere Mittel, die das Sitzen wenigstens kurzfristig erleichtern.

Grundsätzlich empfiehlt es sich, Beine und Hüften warmzuhalten. Die Wärme hilft über die zeitweiligen, im übrigen belanglosen Beschwerden hinweg, die im letzten Abschnitt angesprochen wurden. Wenn Sie kniend meditieren oder mit gekreuzten Beinen sitzen, legen Sie eine doppelt gefaltete Decke oder ein Schaumgummipolster auf den Boden (aber nicht so, daß dadurch der Sitz instabil wird). Das isoliert nicht nur gegen Kälte, sondern schützt auch die Knie. Wenn Sie kniend meditieren, wird hierdurch Druck von den Fußgelenken und vom Spann genommen.

Abb. 17 Polster für ‚schwebendes' Knie

Abb. 18 Polster für Knie und Hände

Kissen und Polster können generell nützlich sein, um Gefühlen von Druck entgegenzuwirken. Manche Menschen benutzen kleine Kissen oder eine Stoffrolle, um das Fußgelenk abzupolstern, das in den Oberschenkel drückt. Erreicht ein Knie (oder beide) nicht den Boden, kann auch dort ein kleines Kissen als Unterstützung dienen.

Unbequem liegende Hände rufen leicht Ablenkungen hervor. Hier hilft ein Polster mit ebener Oberfläche, auf dem die Hände gleichmäßig aufliegen. Es sollte hoch genug sein, um die Schultern vom Gewicht der Arme zu entlasten. So können sich die Schultern leichter nach unten, in den Rücken hinein entspannen, und die Brust kann sich ungehindert öffnen.

Wege zu einer besseren Haltung

Es nutzt nichts, sich in eine ideale Stellung hineinzuzwingen, die man nicht durchhalten kann. Nur jene Haltung ist richtig, die es ermöglicht, innerhalb der Grenzen der *eigenen* körperlichen Fähigkeiten so entspannt und wach wie möglich zu sitzen. Zwingen Sie

also Ihren Körper nicht, sondern sorgen Sie feinfühlig für ihn, und arbeiten Sie so gut, wie es Ihre Möglichkeiten zulassen. Das einzig Wichtige ist, immer jene Stellung anzustreben, die ein Höchstmaß an Entspanntheit und geistiger Wachheit ermöglicht, so daß Sie effektiv meditieren können.

Unterstützende Übungen

Das Problem mit all diesen Ratschlägen ist natürlich, daß steife Gelenke und schwache Muskeln an solche Haltungen nicht gewöhnt sind; sie können Ihnen einen Strich durch die Rechnung machen. Was kann man dagegen tun?

Wie alt und steif Sie auch sein mögen, wenn Sie regelmäßig einige Körperübungen für den machen, können Sie mit der Zeit die Gelenke zumindest lockern und die Muskeln kräftigen. Es gibt viele Übungssysteme und innerhalb jedes Systems zahlreiche Übungen. Zunächst einmal gibt es die im Westen verbreiteten Sportarten, bei denen man gewöhnlich bestimmte Körperpartien kraftvoll bewegt. Dabei wird das Körpergewahrsein zumeist nur wenig betont, doch enthalten sie sehr wirksame Methoden zur Dehnung und Kräftigung bestimmter Muskeln. Auf jeden Fall helfen Sport und Gymnastik, grundsätzlich ‚fit' zu bleiben.

Des weiteren sind zwei östliche Disziplinen zu nennen: T'ai Chi und Haṭha-Yoga. Im T'ai Chi bewegt man den ganzen Körper auf sehr fließende, tänzerische Art. Regelmäßiges Üben von T'ai Chi verhilft zu einer guten Kondition, einer allgemeinen ‚Erdung' und zu einem gesteigerten Gewahrsein der Körperbewegungen. Dagegen mag Yoga auf den ersten Blick statischer erscheinen, weil hierin spezielle Stellungen (*āsanas*) und nicht Bewegungen geübt werden; doch innerhalb jeder Stellung wirken innere Streckung, Bewegung und Entspannung zusammen. Yoga ist vielleicht die exakteste aller Disziplinen, indem sie die Entwicklung von Körperbewußtsein mit gezielten Übungen verbindet.

Eine andere westliche ‚Übungsform', die Alexander-Technik, benutzt im Grunde genommen überhaupt keine besonderen

Körperübungen. Wie im T'ai Chi und Yoga geht es darum, ein Gewahrsein des Körpers und seiner Bewegungen zu entwickeln. Doch tut man das im Rahmen seiner gewöhnlichen Alltagsbewegungen. Man lernt, wie man den Körper am besten benutzt und überwindet so allmählich die Fehlhaltungen, die man sich mit den Jahren angewöhnt hat.

Es gibt noch verschiedene andere Methoden, wie zum Beispiel die ‚Kampfkünste' Karate oder Aikido, auf die wir hier nicht alle eingehen möchten. Am besten suchen Sie sich eines der genannten Übungssysteme aus und nutzen es als Unterstützung für Ihre Meditation wie auch zur Steigerung Ihres allgemeinen körperlichen Wohlbefindens.